An Dé Deiridh

An Dé Deiridh

Joe Steve Ó Neachtain

Cló Iar-Chonnachta
Indreabhán
Conamara

An Chéad Chló 2008
© Joe Steve Ó Neachtain 2008

ISBN 978-1-905560-37-0

Dearadh: Deirdre Ní Thuathail
Dearadh clúdaigh: Abigail Bolt
Obair Ealaíne: Pádraig Reaney

Bord na
Leabhar
Gaeilge

Foras na Gaeilge

Tá Cló Iar-Chonnachta buíoch de Bhord na Leabhar Gaeilge
(Foras na Gaeilge) as tacaíocht airgeadais a chur ar fáil.

the arts
council
schomhairle
ealaíon

Faigheann Cló Iar-Chonnachta cabhair airgid
ón gComhairle Ealaíon.

Clóchur: Cló Iar-Chonnachta, Indreabhán, Conamara
Teil: 091-593307   **Facs:** 091-593362   **r-phost:** cic@iol.ie
Priontáil: Clódóirí Lurgan, Indreabhán, Co. na Gaillimhe.

i gcuimhne bhéil mo mhúinte,
a bhfuil a n-airneán anois ar shlí na fírinne

Clár

Claíocha	9
Ag Bleán	11
Déistean	12
Dóthain	14
Snag Breac	15
Somhairle	16
Cleithiúnas	17
Cinnireacht	20
Cogadh	21
Próiseas Síochána	22
Bunoscionn	23
Headage	24
Athrú	26
Ag Sleamhnú	27
Oisre	29
Hy Brasil	30
Raidió Gaeltachta	33
Súil Eile	35
Sólás	36
Rúndiamhair	38
An Faire	40
Comhbhrón	41
Clochmhóin	42
Bua	43
Crí Dhubh	44
Iománaí	46
Scor	47

Scaipeadh	48
Cill Éinde	50
Breithiúnas	51
Timpiste	53
Ardú Meanman	55
Corpoideachas	56
Simplí	59
Cathú	61
I ndiaidh na Féinne	64
Aimsir Chaite	66
Nóra Bheag	69
Mínádur	72
An Gaeilgeoir Mór	75
Inspioráid	78
Glao Cluaise	80
Fear an Phosta	81
Nan	82
Johnny	83
An Suibhneach	85
An Máistir	86
An Siopadóir	87
An tAmhránaí	90
Myles	92
Antoine	93
Bid	94
Cumadh	95
An Dé Deiridh	97

Claíocha

Go dtí mullach na Leice Rua
a théim,
nuair nach léir dhom
cé dar díobh mé,
nó go ndearcaim
na hiarsmaí is sine
de dhéantús lámh
mo chine.

Feicim rian gach glúin
dár imigh romham
i raon mo shúl,
de chlaíocha casta,
ag deighilt talamh cuir
ó rútaí raithní
sna garbhchríocha
atá idir fraoch
is feamainn.

Is mothaím col
le sliocht mo shleachta
a chuir cloch ar chloch
go síoraí seasta:
ag réabadh moghlaeir
le neart a ngéag
mar fhál don ghort
a chuir greim
ina mbéal.

Leagaim lámh le cion
ar chlaí
a bhfuil féasóg liath
le haois ar a aghaidh,
is mothaím giúin
ón nglúin a rinne:
nach n-iompaíonn nádúr
a chúl
le cine.

Ag Bleán

Shíl mé nach bhfeicfinn
an lá go deo,
gur rothaí rubair
a bheadh ar mo bhó,
gur síos i bpáipéar
a bhlífeadh sí bainne,
is mé fós ag srannadh
le moch na maidne.

Déistean

Gach ar chum tú ariamh
ní bhréagnódh
radharc na súl;
nuair a phreab
an gaiste,
d'athraigh dreach do chliú.
Níorbh ábhar gaisce
an seachmall
a chlaon do spéis.
Filíocht a rinne fear dhíot;
ní mianta gnéis.

Chaith tú mámh
na ndán
sa ngearradh díobh.
Gan sa t-aon hairt
ach drámh
an bhriseadh croí.
Mheall sí thú
chomh soineanta
le naíonán:
ní raibh cuileata ariamh
in ann ag cianán.

Nár léir dhuit
gur Dia bréige
a bhí siad a adhradh:
pócaí folamh
ar thob thú a thachtadh
le cuingir bláthanna,
físeán

ag bleán t'fhaoistin,
mar a bheadh cneá
ag fágáil smál
ar áilleacht Mhín an Leá.

Dóthain

Ní theastaíonn uaimse
ach mo dhóthain
mar lón,
don chodladh suaimhneach,
greim ar bord
agus deoch le n-ól
is gan deoir anuas
sa ngeimhreadh

ach

cén chaoi gur eol
do dhuine a dhóthain?
Nó an ionann dóthain
is fuílleach?
Nó ar mhair aon neach
ar an domhan seo fós
a d'aithin a dhóthain
go díreach?

Snag Breac

Mo ghoirm thú
atá ag séideachán
le nádúr Féile Bríde,
gan d'oiliúint ort
ach saineolas
nach múineann léann
do dhaoine.
Is uait nár theastaigh
an *rockbreaker*,
is tú ag athchúrsáil
an bhrosna,
slat i mbarr
do ghoib agat,
is tú ag fíochán
le do chosa.
Gan beann
ar shrianta pleanála,
ná aird
ar cheantar caomhnaithe:
chuir tú dlús
le nead go feiceálach
de réir na gcearta
a chleacht do shinsir.
Oscailt súl do thionóntaí,
ar diúltaíodh cead
dá gclann,
an spiorad atá
sa mianach agat
is gan orlach toirt
i do cheann.

Somhairle

Níor chuir iargúltacht do dhúchais
aon chuingir ortsa
a Shomhairle Mhóir MhicGill-Eain,
óir ba leasú
coirp is intinne dhuitse
ciúnas, úireacht is áilleacht
Iar-Alban.

Ba tusa fathach na filíochta,
a raibh an bród
i do ghlór
ag baint macalla as beanna
nó ag bleán an drúcht den cheo,
mar a bheadh maidhmeanna beaga ar dhroim locha
ag sioscadh i dtreo na talún.

Is ba chlocha cosáin
gach oileán
is do pheann
ina lann
ag fuirseadh na ndán
in iomaire
an domhain mhóir.

Ba dán do theacht slán
as páirc an áir
is an fhuil fós
ina cogadh dhearg
ag gríosadh thrí chuisleacha
nár náireach dhóibh
do theacht
ná do sheal.

Cleithiúnas

Ní fál go haer feasta
fál teangan;
tá droichead idir chairde
na ndán,
dáimh idir Gàidhlig is Gaeilge,
a d'fhás
as aon chultúr amháin.

Mothaím meanmna filíochta
ag borradh,
is crónán an cheoil
ar an ngaoth;
labhraíonn ceol Gaelach
gach teanga,
é cumhra
ag cur ola ar an gcroí.

Draíocht é ceol ársa
na cláirsí,
is barr méire
ag bleán nóta
as gach téad,
nó ceoltóir
ag éirí ó thalamh,
is an fheadóg
ag damhsa ina bhéal.

Ómós do mháistrí
an tsean-nóis:
is tobar gan taoscadh
a gcuid ceoil;

murar bhlais tusa
fíoruisce
a gcuid véarsaí,
ní thuigfidh tú saibhreas
go deo.

Is éacht iad
sméar mhullaigh na hóige,
ag gabháil fhoinn go bródúil
is go séimh,
cruinneas is binneas
a nglórtha,
mar a bheadh smólach
le maidneachan lae.

Aos óg
ag baint cheoil
as an urlár,
seod eile
a chuir bród ar mo chroí:
d'éirigh damhsa ar an sean-nós
ó mhairbh,
is rinneadh seod luachmhar
dhe aríst.

Filí a thug rútaí
ón dúchas,
go síoraí
ag múnlú na ndán,
ná staonaidh
ó fhíochán na bhfocal,
mar fhallaing do chultúr
na mbard.

Ar nós áilleacht na locha
is na mbeanna,
atá séala na nGael
sa domhan mór;
ní phlúchfar a gcáil
ar lá an tsléibhe –
maireann loinnir go héag
ar an seod.

Cinnireacht

An ar aghaidh
nó ar gcúl
atá bhur dtriall?
Ar nós circe
in ithir
ag cartadh,
dá mhéad a fórsa
ag dul chun cinn
ar gcúl
a bhíonn sí ag taisteal.

Cogadh

Le fuil a baisteadh
an t-earrach seo
i mbliain
dhá mhíle is a trí,
gealt ag scrios
le arm lón
d'fhonn gealt eile
a chloí.

Ach níorbh ionann neart
agus ceart ariamh,
níorbh ionann smacht
is léirscrios;
tá an domhan sách leathan
ag an daonra ar fad
dá gcloífí an tsaint
le réasún.

Próiseas Síochána

Is geal liom thú,
a dhuine dhuibh,
a d'fhoghlaim ciall
ón teas,
a sheachain saoirse
bruite as fuil
mar threoir
ar bhóthar na leas'.

Is dubh liom thú,
a dhuine ghil,
gur riail dhuit
feall is fuath,
nuair is cóir
an treoir
ón Afraic Theas
don tsíocháin bhuan
ó thuaidh.

Bunoscionn

Deireann riail a naoi
a naoi a naoi
gurbh fhearr dhuit suí
ar do thóin:
go mbainfear liúntas
leasa dhíot
má bhaineann tú
aon mhóin,
gur caimiléir
i súile an stáit
an té a chuirfeas
cúilín fataí,
go gcoiscfidh an stát
aon dul chun cinn
ach go gcothóidh siad
an scrataí.
Deireann riail a sé
a sé a sé
gur tusa
mac an deabhail,
mar a ngoideann tú
as ciste an stáit
is gach rud a fháil
le foghail.

Headage

Ba géibheann salach
do mhórchuid eallach,
an tsreang
a chuir fear ar mhútaí.
Ba spotaí bána
ar chriathrach feannta
iad caoirigh
ag piocadh rútaí.

Ar shleasa cnoic
a dhearc mé iad,
in áilleacht
Bheanna Beola,
a lomra lomtha
ag síor na gaoithe,
na cnámha thríothu
cheal feola.

Ceol i gcluasa
méileach uain
ina bpocléim
ardtráthnóna,
ach ba scread
i mbéal na gcaorach seo,
a dtruamhéal
ar thóir cúnaimh.

Saint agus dlí
an EEC,
ag goid croí
an aoire fónta:

is leor an dé
bheith beo sa tréad –
as cloigne
a íoctar liúntais.

Deontas a íoc
as comhaireamh cinn,
a fhágfas cnoic gan fraoch
gan áilleacht;
tráth a n-íoctar deontais
ar bhánta méith,
as féarach
a fhágáil ina fhásach.

Aigne chaol
an chéim chun cinn
a imríos cos ar bolg
caoirigh;
má scriostar cnoic
mar a scriosadh muir
sin cos ar bolg
daoine.

Athrú

Is cuimhneach liomsa
sioc is fuacht
a mharaíodh frídín galair,
is ceobhrán bog
roimh ghlaoch don chuach
ag borradh
an gharraí arbhair.

Thagadh samhradh fada
fairsing te
a d'aibíodh greim
don ghoile,
is tar éis fómhar buí
ag treabhadh na maidhm,
bhíodh dalladh éisc
le sailleadh.

Ach ní roinneann grian
a dath níos mó,
tá iasc tar éis cladaí
a thréigean,
peataí lae
atá ag cothú dúil
ó tháinig seachmall
ar na séasúir.

Ag Sleamhnú

Mhair an reothalach mór
seacht seachtainí
i naoi déag seasca a trí,
ach clóic dá laghad
níor mhothaigh muid
roimh theacht
don dul chun cinn.
Bhí an abhainn
is an loch
faoi dhroichead leac oighir,
bóthar an rí ina ghloine,
is fiacla an tseaca
go síoraí ag placadh
mar a bheadh Dia
ag tabhairt dúshlán duine.

Bhí ord ag teastáil
i mbéal poll fataí
chun clúdach cré
a bhriseadh,
is cloch ag obair
ar dhroim an tobair
sul má thóigfeá
buicéad uisce.
Bhí bleacht na bó
le bleán sa gcró
í ag cangailt cír
go sásta,
is mála mine
istigh chois tine:
is aisti a d'fhuintí
an cáca.

Bhí cliabh mór móna
thar maoil i gcúinne,
an teach mar nead an dreoilín,
is mé ag foghlaim scéil
ón oideas béil
i mo shuí
go sásta ar stóilín.

Mhair sioc trí lá
sna naochadaí:
reoigh píopaí
thuas san áiléar;
níorbh fhéidir tine
a fhadú aríst
nó phléascfadh dabhach
sa ngráta.
Ba gann an greim
le cur inár mbéal,
bhí an córas iompair
sioctha;
ní raibh fáil ar
bhainne,
feoil ná tae,
de bharr bheith
ag brath ar shiopaí.
Ní raibh eitleán
ag dul sa spéir,
ná páiste ag dul 'na scoile;
bheadh Éire ar fad
sa tríú domhan
dá bhfaigheadh reothalach
trí lá eile.

Oisre

Tíolacthaí na farraige
a shíolraigh
i mbroinn an tsliogáin,
gan cócaireacht
ag teastáil uaidh
ach é a oscailt
is a shloigeadh;
blas an tsáile,
beadaí,
ag tabhairt spreacadh dhuit
is anáil.
Tá péarla
ó ghrinneall farraige
blasta, fuar is folláin.

Hy Brasil

Ba é suathadh na mara
a bhog chun suain mé,
liom fhéin sna flaithis
ar bhord na luaimhe;
thar Árainn siar
a bhí mé a sheoladh,
an ghaoth do mo mhaíomh
is an ghrian do mo threorú.

Ach gheit mo chroí
le linn dhom dúiseacht,
i gcalm draíochta
a bhí ag stríocadh seolta;
bhí mo chúl le Árainn
is leis an talamh,
nuair a nocht an t-oileán
i lár na mara.

Bhí an aeráid caoin
mar a bheadh tír na n-óg ann,
nó flaithis ar thalamh
Dhia na glóire.
Arbh é seo Hy Brasil,
an tír fó thoinn,
a bhíodh le feiceáil
gach seachtú bliain?

Ní raibh creag ná brachlainn
mar bhac ina thimpeall,
gan leithead gan fad ann
ach cruinn ar nós ciorcal,

maolchnoic ghlasa is cnocáin arda
ag gardáil calaidh
nach raibh long ná bád ann.

Bhí an chuach ag fógairt
sócúl is suaimhneas,
is na héanlaithe ag líonadh
an aeir le aoibhneas,
crónán beacha
ag diúl na meala
gan puth as aer
is an ghrian ag scaladh.

Coiníní ag seársáil
ar phlásóg mhín
is ba go sásta
ag cangailt cír,
torthaí ag lúbadh
crainn go talamh,
gan brón gan buairt
gan fuacht ná galar.

Bhí eallach aduain
ar na tránna míne
agus slua mná óga
ag snámh sa taoille.
An graí each uisce
a bhí mé a dhearcadh?
Nó arbh é seo ceann scríbe
na maighdean mara?

Bháigh mé an chleith
go domhain sa taoille,
ag stiúradh an bháid

i dtreo na n-iontas,
nuair a chruinnigh ceo
go tiubh i mo thimpeall
is níor fhan den oileán
ach fís i m'intinn.

Raidió Gaeltachta

Ba páiste glórach
tú ón tús
a labhair i gcaint
na ndaoine,
páiste a dhiúl
an briathar beo
ón máthair a thug
don saol thú.

Ní hionadh sin
mar ba bród do ghin
is ba misneach
cláir do chliabháin;
ní bheifeá beo
murach léirsiú is gleo,
ó dhream nach ndearna
aon díobháil.

Labhair tú amuigh
is labhair tú istigh,
ba nuacht do ghlór
go síoraí;
labhair tú ar cheol
ar spraoi is ar spóirt
ó Dhún na nGall
go Ciarraí.

Táir anois chúig bhliana
le cois an scóir,
tá bród inár nglór
ag caint ort,

bród as glór
a d'fhás ón bhfód
nach ionann is glór
an strainséar'.

Súil Eile

Ní lomann gannchuid feasta
an gort
a ruaig ár sliocht
thar sáile,
mar léiríonn bród
nach ionann bocht,
is rútaí a fhás
sa mbaile.

Cruthaíodh bród
i nglúin úr óg,
le fís
atá le mothú.
Cuireadh tua ar ais
i láimh na saoir,
chun mílaois nua
a chruthú.

Ní athraíonn éanlaithe
an aeir a nglór;
is é buaic gach seod
bheith aosta.
Bíodh an domhan go léir
mar lón in bhur stór,
fad is eol dhaoibh
cé dar díobh sibh.

Sólás

Chraith mé lámh
le naomh inniu,
lámh mhánla mhín
an tsóláis,
lámh mná
atá ag foiriúint
gach lá dá saol
ar dhílleachtaí Chernobyl.

I mbriathar a béil
bhí fuil a croí
ag roinnt a bpian
is a ndólás,
í ag siúl gach céim
i mbróga Chríost
cé gur rop sí
Rí na Glóire.

An bodhar, ar sí,
atá Dia, nó caoch?
Nach léir dhó
sléacht is léirscrios?
Bhfuil trua ná taise
ar bith ina chroí
do na naíonáin
atá á gcéasadh?

Bhí at na ndeor
i súile an naoimh
ach ba beatha
iad briathra a beola,

í cheithre scóir
is lán le brí
ag filleadh
ar chrá Chernobyl.

Rúndiamhair

Is ón gcré a shíolraigh
an daonra ar fad
más fíor do cheacht
ár gcreidimh,
agus tógfaidh an chré
a cuid ar ais —
tugann Athair ó neamh
an leide.

An ionann
cré ar talamh
agus cré ar neamh,
ag cothú an bheo
go bríomhar?
Nó an ceart don duine
ceist a chur
i dtaobh freagra atá
rúndiamhair.

Is i gcré na talún
a chuirtear coirp —
sin beart gur léir
dár súile —
ach má thógtar anam
go cré ar neamh,
sin beart
nár cruthaíodh dhúinne.

Más léir do Dhia
gach tús is críoch,
do na laigí saolta

a ghin sé,
an grá nó crá
ag cur clann ar triail
lena loisceadh ar ball
i dtinte?

Is é an cathú a rá
nach bhfuil aon Dia ann,
cé gur léir dhúinn
rian a láimhe,
mar nach eol dhom daon
dár rugadh ariamh
a chruthódh
coileach feá dhom.

Is rún é scéal
mórdhiamhair Dé,
a chothaíonn
athbhreith i m'intinn;
ní fuascailt faoiseamh
seal á phlé
ach é a thréigean
is filleadh aríst air.

An Faire

Bhí rud thar néal
ar m'aire,
gan suan ó oíche
ach a mhalairt,
ó thosaigh an bás
ag bagairt
i ndorchadas mo thí,
gan eadrainn
ach an balla,
nár cheil éagaoin
ná anbhá
is craos na hailse seasta
do t'ídiú
le gach greim.
Ba faobhar speile
an chasacht,
sluaiste dóibe
an cheasacht,
chomh bodhar
le bosca folamh
bhí do chogar i gcluais Dé,
do shaol ag leá
gan choinne
mar a bheadh seoide
ag múchadh coinnle –
is suarach spreacadh
an duine
nuair a sméideann
deireadh ré.

Comhbhrón

Tabhair spás atá ciúin
is séimh dhó,
a Dhia,
i measc aos léinn
is dán;
bíonn an bláth
is gile
ar an gcraobh
is duibhe,
ach an dias is troime
is ísle a chromann
a ceann.

Clochmhóin

Phléasc sí leic an teallaigh
le teas,
is muid ag ól
blogamacha cainte
ar foscadh ó
shíon an gheimhridh.
Is chuir an
ghríosach dhearg
an smior ar ais
i gcnámha a bhain
ceithre bairr móin sleáin
síos thrí rútaí giúsaí
ar thóir an fhóid dhuibh
a bhí mar líonán
leis an leic
ó thus saoil.
Is scar muid í
gan snáth
faoi bhrat geal gréine
a rinne crua den bhog
is a dhéanfadh
sprus den chrua
gan í a chruachadh
sul má scáinfeadh
a nádúr
ina smúdar í.

Bua

Isteach uaim feicim
fear thar tír,
amach uaim
bean na háite,
an bheirt ag coimhlint
leis an ngaoth,
ag tabhairt na luatha
chun sráide.

Siúlann fear thar tír
isteach sa ngaoth
is snaoisín luatha
á thachtadh;
is an bhean a chleacht
an stolladh ariamh
ag cur soitheach na luatha
ar foscadh.

Léiríonn bean
gan léann le gníomh
nach gníomh don léann
é an bua;
agus léargas fir
gur léann é a shaol,
le feiceáil caochta
ag luaith.

Crí Dhubh

Dubh an dath ab ansa
le mo mhuintir-sa
in aimsir an chruatain:
faobhar ar lánta
ag rómhar gannchuid
mar a bheadh beatha
nó bás ag brath
ar dhuibhe an dúrabháin.

Níor léir dhóibh
a dhath
sa mbogha ceatha,
ach seacht ndath
na doininne,
ag bagairt síon
is clocha sneachta
as Bealach na Bó Finne.

Fuar a bhí
gorm glé na farraige
is iad go hascaillí
ar thóir feamainne,
nó ag iomramh,
tearra ar chanbhás
i ngairfean
na dtonn.

Sa dubh a bhí an teas
nuair a chlúdaíodh
cladach clochmhóna
an fásach fraoigh;

cruacha ag cruachan
in aghaidh na hanachain'
a níodh gríosach dhearg
d'iarthar spéire.

Ach d'aibíodh
fómhar fial a ndreach:
poill fhrataí ag cur dubh ina gheal
i nead an airneáin,
dúluachair á síneadh
ar sraith
is a gcroí ag cur thar maoil
le dath.

Iománaí

Tá dáimh le sliocht
do shleachta againn,
a uachtaráin na hóige,
dáimh a d'iompair tú
go measúil dhúinn
i gcéin agus i gcóngar.

Bród is briathar
do shinsir leat
ar bharr an chéim
ab airde,
an stiúir go calma
i leathláimh leat,
chomh daingean
leis na Sceirde.

Cuirtear fáilte romhat
mar lúthchleasaí,
a thug sampla dhúinn
le éirim,
ach tá fáilte ar leith
sa nGaeltacht romhat
mar gheall gur duine
againn fhéin thú.

Scor

Tá slán leat dlite
de réir an dlí
mar a chríochnódh mír
i ndráma;
ní slán ach sos
do Bhrian Ó Baoill –
níl ann ach
athrú ardáin.

Le bua is le fís
ar feadh do shaoil
threabh tú gort
gan staonadh;
murach bláth bheith inniu
ar luach do shaothair
bheinn ag scríobh
an dáin seo
i mBéarla.

Tá fir is mná
ag croitheadh do lámh,
a n-ádh
mar chomhartha buíochais,
ach tá an Ghaeltacht thiar
ag fanacht leat
is tá tír na n-óg
ag glaoch ort.

Scaipeadh

Soir an bóthar
a ruaig tú uathu
maidin Nollag moch,
is gan ionat fós
ach seanghasúr
tar éis lámh a chroitheadh
le deoch.
Sin os cionn
scór blianta ó shin
is póit do do choisceadh
ón aifreann –
scáth roimh
chaint na gcomharsan,
a bhí ag taghdadh t'athar
chun achrainn.

Ach cúlaíonn taghd
in achar gearr,
amhail troid ba maol
i mearg;
is ní bhíonn sa mbruíon
ach neart don ghrá
nuair a chraitear láimh
tar éis fearg;
ach d'imigh tusa
i ndiaidh do chinn
is gan de mhac acu
ach thú,
gan fhios ar bheo
nó marbh dhuit;
níor facthas thú níos mó.

Ba tórramh mic
a bpaidrín,
gach oíche lena saol,
gan lá nár impigh
a mbéal ar Dhia
thú a chumhdach ar gach baol;
ag tnúthán
sul má d'imeoidís,
go seasfá
i radharc a súl,
nó gur bhris an croí
sa deireadh thiar
faoin gcíoch
a bhíodh tú a dhiúl.

An as taghd anois
a chásódh leat
anam do chuid marbh;
is an lao biata
a bheadh mar fháilte romhat
fásta suas ina tharbh?
Ar ais níor mheall
an nádúr thú
nó gur mhúch
an dé sa tine;
níl de chreach
sa nead
inar saolaíodh é
ach crá
don chúl le cine.

Cill Éinde

Bain lán do shúl
as áirsí cloch
Chill Éinde.
Feac do ghlúin
go ciúin
sa sólás céadach.
Mothaigh buaine ár sinsir
mar ghiúin sna fraitheacha,
ag ceiliúradh céad bliain
i síocháin saolta séipéil.

Breithiúnas

Go dtí an loch
a chuaigh tú, a Mhaitéis,
i bhfolach ó na daoine,
is do phéire gadhar
ag lufáir leat,
ba gáire
a bhí i do chaoineadh;
nuair a lig tú
scread na maidne
is tú ag caraíocht
leis an daol,
ba tafann a chuaigh
mar phaidir leat
nuair a léim tú
as an saol.

Mar fhaoiseamh
ón mbrú intinne
a rinne damnú
ar do thuigse,
tháinig an phian
a bhí do do chiapadh
ina glugair
go barr uisce;
te teolaí fós
i leapacha
a bhí an dream
a shilfeadh deora,
agus muiníl gheala ealacha
mar choinnle
ar do thórramh.

Ní bheidh crois
mar chomhartha ómóis dhuit
san áit
arbh áil leat séalú,
ach beidh an lile breac
ina ionad agat,
ón gcrois
a bhí tú ag éalú;
chuirfeadh géanna fiáine
sochraide ort
le nádúr is aimsir chrua,
is beidh leac oighir
greanta ó lámha Dé
mar scríbhinn
os cionn d'uaigh.

Timpiste

Ní raibh caint ná clamhsán
ann anocht,
ná giúin ón slua
a bhí ag fanacht:
na céadta crá
ag craitheadh bhur lámh,
chomh ciúin le slua
na marbh.

Bhur gcailín beag
ina codladh sámh,
ba cónra chláir
a cliabhán;
aon ala amháin
i dtimpiste cairr
a d'fhág athair is máthair
ag síorghol.

Tá creathadh bhur lámh
ag dul thrí mo pheann
ina dhoilíos croí
is mé ag fulaingt;
tá na céadta comharsan
ag roinnt bhur bpian,
ach ní laghdaíonn sin
bhur ngoilliúint.

Ní raibh caint ná clamhsán
ann anocht;
bhí tocht in ucht
an tslua:

níl ceacht sa saol
a mhúinfeas ciall
mar cheacht
ó bhéal na huaighe.

Ardú Meanman

Nuair ba tocht
mo chroí
in isle brí,
mé marbh mín
ar nós scadán,
bhí ceirín grinn
Tigh Pháraic Chóil,
mar threoir
do shláinte
an bhradáin.

Corpoideachas

Rugadh mise
ag tráth den tsaol
a dtéadh scéal
ó bhéal go béal,
sul má tháinig caint
do bhoscaí
ná thosaigh daoine
ag léamh.
Níor thuig mé cúrsaí cúplála
mar ba gasúr mé
a bhí cuthal:
shíl mé gur
de chrann an dochtúra
a ghoid Ádhamh agus Éabha
an t-úll.

Nuair a d'fhiafraíos díobh
cá bhfuair siad mé,
d'fhógair Mama,
"Éirigh as,"
ach las dé
i súil mo Dheaide
sul má dúirt sé,
"Amuigh faoi ghas."
Bhí sé ráite ag gasúir scoile liom,
nach mar sin a bhí an chúis,
ach buaileadh
ar pholl na cluaise mé
nuair a dúirt mé
an focal "drúis".

Ach ní i bhfad
a fágadh aineolach
mé fhéin
agus mo dheartháir,
mar fuair muid ceacht
i gcorpeolaíocht,
lá ar tháinig bó faoi dháir.
Ní raibh aon treoir
ag teastáil uaithi,
thrí shliabh
ná talamh garbh,
mar bhí gleann ina droim
agus teannadh léi,
Seanamhóinín ag an tarbh.

Dhul suas thar
Dhroim an Bháire,
lig bó a bhí i ngar dhúinn géim,
ar ndóigh chuir sí búir aisti
is chaith sí claí de léim.
Bhí mé fhéin is an driotháir
ag uaillfeart,
ach ní raibh aon
mhaith dhúinn bheith ag gleo,
gur bhain sí marcaíocht
ar fud an gharraí
de bhó le mac Liam Joe.

Thuas ag geata Sheanamhóinín
bhí an tarbh feistithe romhainn
agus d'aithin mé
go raibh sé pósta
mar bhí fáinne mór
ina shrón;

sheas an bhó go socair dhó
mar ba gearr
go dtug sé léim
is bhí a fhios agamsa
ag an nóiméad sin,
nach faoi ghas
a frítheadh mé fhéin.

Simplí

Thaithigh Micil is Beartla
teach an óil
nuair ab acmhainn dhóibh
corrphionta;
thaithníodh crua-
nó dea-chaint leo
agus argóint
cois cuntair.

Thosaigh sáraíocht mhór
aon oíche amháin
nó gur cíoradh
ar gach bealach
an Poncánach
nó Sóivéideach
ba thúisce
a ghabhfadh ar an ngealach.

Is iad ag déanamh abhaile
de réir a gcos
tar éis don ósta
dúnadh,
rinne an cúpla stad
le cois an chlaí
ag taoscadh a mbraon
le fána.

Bhí gealach lán
go hard sa spéir,
is aghaidh na beirte
in airde,

ag iarraidh bheith
ag baint meabhair aisti
a chuirfeadh dallach dubh
ar chairde.

"Óra, tá an ghealach sin
as spás ar fad;
ní thiocfadh fear go brách
ina gaire,"
a deir Micil ag teannadh
ar gcúl ón gclaí
is é ag creathadh
an bhraon beag deiridh.

"Nach bhfuil sé ráite agam,"
a deir Beartla leis
is é fhéin
ag dúnadh cnaipí,
"gur ag amadáin
go seafóideach
atá an t-airgead
sin scaipthe.

"Ag caitheamh billiúin,
le dhul suas ansin?
Is mó meabhair
a bheadh ag collach,
i leaba fanacht
go ngabhfadh sí síos
is dul síos de léim
ina mullach."

Cathú

Bhí úire gaoithe
is uisce glé
chois phortach
loch an tsléibhe,
mé umhlaithe síos
ag athghróigeadh
i síocháin cheolmhar
éanlaithe,
nó go bhfacas
úll na haithne ag teacht
aníos an cosán clocha,
is gur nochtaigh sí
don ghrian í fhéin
ansiúd ar thrá na locha.

Níor dheas an feic
a baininscne,
ó chaill sí scáth na náire,
rollaí geire ag seargadh
sna trinsí
a ghreann an tairneáil;
bhain an brothall
síneadh is searradh aisti
nuair a shín
a toirt ar scraith;
ach na cleabhair
níor bhain siad
feanc aisti
murar amhlaigh
a chleacht sí an ga.

Nach gann a chuaigh
áit rampúch ort,
a deirimse istigh i m'intinn,
nach raibh an cladach
fada fairsing agat
má d'fheil do thóin
a níochán,
ach is ionann labhairt
le haineolaí
agus míniú do na clocha,
go mbíonn míolta móra
i bhfarraige
agus eascanna
sna locha.

Thosaigh giolcacha
á gcreathadh fhéin
agus scaipeadh
ar éanlaith an cheoil,
nuair a thosaigh sí
á níochán fhéin
san uisce a bhí muid a ól;
d'fhógróinn dhi go bagrach
murach iontú a theacht
i mo ghoile,
gur thíos
i bpicil farraige
a bhí a cuid frídíní
le sailleadh.

Ghuigh mé an deabhal
á cnapadh leis,
le radadh dá chuid adharc,
mar nach raibh

aon sásamh
ag m'amharc ann,
go dtruailleodh mé
mo radharc;
oiread is fód
níor athghróig mé,
den tsraith
a bhí ar m'aire,
ach mé cromtha
ag cathú firinscneach
mar a bheadh gróigín ann
á faire.

I ndiaidh na Féinne

"Bhí fear ann fadó
agus fadó bhí,"
a deir seanchaí linn
san airneán,
muidne ag faire
an *Virginian*
is gan an teilifís
ach faighte.

"Má bhí an fear sin
ag an tráth sin ann,
níor dual dhó
bheith faoi láthair ann,"
muidne ag croitheadh ár gcinn
in aontas leis,
ach ag guibhe
tachtadh an bháis dhó.

"Lig Fionn Mac Cumhail
fead ghlaice ar chú
is na Fianna smíochta
ag seilg,"
ach bhí an *Virginian*
ag scoileadh cioth
ba cumhachtaí
ná an ghae boilg.

Glór na bhfear
thrí ghlamh na gcon
is an scéalaí
ag cothú teannais,

ach muidne ag sá
le cnaipe an ghleo
ag cur na teilifíse
i gceannas.

Ní chloisfeá méir
i gcluais ag gleo
aon oíche
i gcaitheamh na bliana,
ach cailleadh Fionn Mac Cumhail
le slócht –
chriog buachaill bó
na Fianna.

Dhá mbeadh an fear
ann fadó
ann anois,
throidfí aríst Cluain Tairbh,
ach ní bhéarfar Gael
go brách aríst,
a thógfas Fionn
ó mhairbh.

Aimsir Chaite

Ba é Páraic Rua
an chéad fhear beo,
a thug raidió
ar an mbaile,
mar ba fear é
a bheartaigh
a dhul chun cinn,
nuair ba bhoichte an saol
sa gceantar.

Roimh theacht don raidió
ar dtús,
bhíodh gach éinne
ag tuar faoin aimsir;
Dhá bhfeicfeá gadhar
ag ithe féir,
bheadh báisteach agat
roimh mhaidin.

Bhíodh daoine ag breathnú
suas sa spéir,
nuair a bhíodh siad
gann ar uisce:
dhá mbeadh gealach nua
ar chúl a cinn,
b'in comhartha aimsir bhriste.

Théadh fear amach
ag déanamh a bhraoin,
nuair a bhíodh
an ghaoth ó thuaidh;

dhá gcloisfeá búir ón eas
san oíche,
thiocfadh sioc
go gaineamh rua.

Dhá sáfadh Cnoc Bhréanainn
a cheann aníos,
b'in comhartha aimsir sheasta;
Ach dhá gcloisfeá
éagaoin ag an ngaoth,
b'in í
an osnaíl sneachta.

Chuile dhuine is
a bharúil fhéin,
mar ó Dhia
go raibh siad cliste;
chuirfidís pian i do thóin,
a deir Páraic Rua,
mar bhí an aimsir
cineál briste.

D'iarr sé ciúnas
lena mhéir –
bhí a chuid féir
ag éirí lofa –
nuair a gheall
an raidió gan aon bhréag,
go mbeadh an ghrian
ag scoilteadh clocha.

Lá arna mháireach
le breacadh lae,
é ag sníomh

gach cnámh ina cholainn
ag iompar bearta
ar a dhroim
ag cur cocaí féir
ar iothlainn.

Ach chaith sé tuile
i lár an lae
is bháigh sé
an féar go talamh;
rug Páraic ar an raidió
agus bhris sé amuigh
faoin mballa é.

Nóra Bheag

Bhí gaisce mhór
ag Nóra bheag,
bhí a clann ar fad
i mBoston;
níor luigh aon uaigneas
ar a croí,
choinnigh an bród
faoi smacht é.

Ní raibh sí aonraic
má b'fhíor dhi fhéin,
ba leor an cat
is an mada;
í ag caint is ag sioscadh
gan strus gan stró,
ag fosaíocht bó
agus asal.

Ach d'fhill a clann
aon samhradh amháin,
ghlan siad suas an teach dhi,
is lig sí blao
le mórtas croí
as an teilifís
mór daite.

Chas siad air é
i dtús na hoíche,
sul má chuaigh siad
ag an gcéilí,
agus dúirt siad, "*Mom*,

you are a scream,"
nuair nach n-íosfadh
sí aon bhéile.

Bhí meangadh gáirí
ar a béal,
ba suáilceas é
a bhí ag baint léi;
is chaith sí an oíche
ag rá "Sea" is "Ní hea",
mar a bheadh an fear
sa mbosca
ag caint léi.

Dhún a súil
le dúil sa néal,
nuair a ghéill a ciall
don fhaisean;
ach ar dhúiseacht dhi
lig sí béic –
bhí fir is mná
ina gcraiceann.

Bhí insithe dhi
lena chasadh dhe,
anois
bhí a hintinn scaipthe;
is é an chaoi ar neartaigh
an chaint is an gleo,
nuair a thosaigh sí
ag brú cnaipí.

"Mo chuid tubaiste
oraibh," a deir sí

is í ag tóraíocht
deis go tapaidh;
is chaith sí pluid mhór
os a gcionn,
nó gur chlúdaigh sí
a gcuid plapaí.

Shíl Nóra bhocht
go n-imeoidís,
nuair a phlúch an phluid
an gleo;
"Cuir as na *fags*,"
a d'fhógair sí,
nuair a fuair sí
boladh an dó.

Tá Nóra anois
i dteach na sean,
ag cur comhairle
ar lucht na maitheasa:
"Fan amach ón teilifís,
sin rud
le teach a lasadh."

Mínádúr

Rinne lucht an bhiadáin
iontas mór,
bhí a mháthair
ag súil le Mártan;
ba bean í a d'fhan
gan cuing le fear,
go raibh taoille an mhacnais
tráite.

Ach rugadh é
agus páiste breá,
folláin, sásta, meidhreach:
le gliondar croí,
bhí a athair is a mháthair
ag maíomh as slacht
a n-oidhre.

Bhí Mártan óg
ag caint is ag siúl,
ní raibh triúr
ar domhan chomh sásta;
nó gur iontaigh an nádúr,
bunoscionn,
bhí an mháthair ag súil
le Seáinín.

Scaip an scéal
ó bhéal go béal,
thrí fhiacla géar
is greannmhar;
mhair an mháthair,

ar éigin Dé,
ach bhí éalann
ar an bpáiste.

Bhí meangadh gáirí
ar a bhéal,
as a bhféadfá léamh
mínádúr;
cé go dtug sé ón mbroinn leis
lúth na ngéag,
ní thiocfadh meabhair dhá réir
go brách dhó.

Thosaigh an láidir,
ag cothú an lag,
is an lag
ag ídiú an láidir;
nuair ba mhó
bhíodh dubh-bhrón
ins an teach,
bhíodh Seáinín lagaithe ag gáirí.

D'ídigh an síorghol,
spiorad na máthar,
nó gur leagadh
os cionn cláir í;
bhí briseadh croí
ar Mhártan óg,
is Seáinín beag
ag gáirí.

Tá cion ag cách
ar Sheáinín beag,
eascraíonn grá as éalann;

ach is pian é brú
nach léir don tsúil,
a bhaineann deoir go ciúin
as tréanfhir.

Ní bheidh aon chlóic
ar Sheáinín beag,
gheall Mártan óg
dá mháthair é;
an malrach slán
ag fulaingt páis,
is an t-easlán síoraí
ag gáirí.

An Gaeilgeoir Mór

Má bhí an lá go breá, ba thíos cois trá
a bhíodh an Gaeilgeoir Mór ina shuí;
is bhíodh spóirt is greann ag Páidín Sheáin,
ag dul thairis, suas is síos.

Páipéar is peann faoi réir ina láimh,
is é go síoraí ag faire ar scéal;
is é a bhíodh sásta á bhreacadh síos,
ba chuma firinne é nó bréag.

Is fada ón trá a bheadh Páidín Sheáin,
ach sa samhradh bhíodh sé maraithe,
ag faire ar dheabhail de strainséirí,
a bhíodh ag salú istigh ina gharraí.

Ní raibh aon aimhreas air faoin nGaeilgeoir Mór,
bhíodh an bheirt ag ól corrphionta;
is dhá n-inseodh Páidín scéal nó dhó,
thugadh an Gaeilgeoir Mór corrphunt dhó.

Thagadh leaids ar cuairt ag Páidín bocht,
iad ag saighdeadh faoi is ag magadh;
dúradh leis gurbh é an Gaeilgeoir Mór,
a bhí ag leasú Gharraí an Chladaigh.

Ní chreidfeadh Páidín iad ar dtús,
ach thug siad móid is mionna,
gur facthas thoir sa ngarraí é,
istigh faoi thom is é ag cromadh.

Chuaigh Páidín síos an lá dár gcionn,
é ag fiuchadh le teann buile;
agus ar ndóigh mar ab iondúil leis,
bhí an Gaeilgeoir Mór thíos roimhe.

Níor mhaith le Páidín breathnú air,
is gan air ach feisteas snámha.
mar bhí glugar bog de bholg geir,
ina bhurlaí ar a chnámha.

Ansin – i gcead an chomhluadair –
nuair a shuíodh sé ar a thóin,
is é an áit a mbíodh a imleacán
ach leagtha ar a ghlúin.

"Cad é an fáth nach dtéann tú ar snámh?"
a deir an Gaeilgeoir Mór;
chaith Páidín amach smugairle,
is bhí gangaid ina ghlór.

"Dhá mbeifeá ag iompar cliabh mór feamainne
aníos thrí chladach garbh;
nó sa taoille amuigh go hascaillí
ag bailiú feamainn dhearg,

"Nó méaracha bheith stróicthe dhíot
ag baint charraigín ar mhulláin,
b'fhearr dhuit é ná an bhloinig sin,
is bheifeá ag breathnú folláin.

"Tiaráil leis an bhfarraige,
a scar mo cheithre cnámh;
b'fhearr liom luí i dtom neantógaí,
ná a dhul amach ar snámh."

Rug an Gaeilgeoir Mór ar pheann,
is chaon scairt aige á scríobh,
ach stop an scairt is thosaigh an scread
nuair a léim Páidín ar a dhroim.

"Ná bac le Gaeilge anois níos mó,
ach tinte an deabhail 'do scalladh;
más tú tá ag cur na gcarnáin uait,
tá an garraí bréan le boladh.

"Ach tabharfaidh mise a mblas dhuit fhéin
ma théann tú soir aríst ann;
is é cleas an chait a dhéanfar leat,
do shrón a thomadh síos ann."

Ní thagann an Gaeilgeoir Mór níos mó,
is ní théann Páidín síos le cladach;
an dream a shaighead is a chum an bhréag,
ba shin iad a bhí bradach.

Inspioráid

Tá an páipéar seo
athphróiseáilte,
a deir scríbhinn liom
ón bpár,
agus féinsmacht
curtha i bhfeidhm agam
le dán a bhrú
thrí pheann.
As ciúnas
mo chuid samhlaíochta
rinne an abairt bheag sin
gleo,
is chuir baoite
as cúl m'intinne
dán smaointe
ar mhalairt treo.

Meas tú an próis
ó aturnae,
a bhí scríofa
ar t'éadan tráth?
Nó litir
ó láimh maighdine
ag tnúth le foighid
ó ghrá?
An ort a scríobhadh
an forógra
a shínigh
glúin na bua?
Nó an as

scríbhinn diaga Lazurus
a slánaíodh thú
ón uaigh?

Arbh é do spreagadh
a bhí mar spreacadh
ag páipéar glas
nó ag páipéar bán?
Bhfuil do thaithí
ag dul chun tairbhe
do inspioráid mo dháin?
Go tobann
tháinig aireachas
ar na smaointe
a bhí do mo mhaíomh
gur ábhar páipéar leithris
é an dán
a bhí mé a scríobh.

Glao Cluaise

Ba dímheasúil
an mhaise dhom
bhur gcuimhne
a ríomh ar ceal,
tar éis deora a chur
i dtalamh libh
nuair a chriog an bás
bhur seal.
Neadaithe
i ndomhan m'intinne
tá ómós seasta síor
do chomharsana
a thug ceannródaíocht
le gníomh agus
le briathar.

Fear an Phosta

I ndoirse na síoraíochta
a chuirfear fáilte romhat
an Nollaig seo
is do mhála
ag cur thar maoil
leis na beannachtaí
a chuir na seacht mbailte
go dúthrachtach le t'anam.
Mín mánla
a bheas breith do bhéil
ag aithris scéil
do shlua na marbh,
is deora do mhuintire
ag leasú an fhéir
nuair a shínfear
do cheithre chnámh
sa ngaineamh mín
cois mara.

Nan

Tháinig cairde ó neamh
ar ais inniu
nach léir dár súil
sna hAille,
a d'fheistigh currach
i mBun an tSruth
le Nan a thabhairt abhaile.

Ár mbeannacht leat,
a Nan na stór,
ní le sruth
a lig tusa maidí,
ag roinnt do chroí
ba fial do ghuth
le saibhreas binn
Chlann Pheaidí.

Johnny

Téann mórchuid daoine
thríd an saol
nach ngríosann
mac an pheata,
ach is léir ón gcáil
i bhfad is i ngearr
nach ball don dís sin
Johnny.

As broinn a mháthar
a thug Johnny bua –
bua físe, gaoise is friotail –
ach ní aibíonn bua
gan mórchuid dua
go síoraí ag fíochán
focal.

Chum Johnny filíocht
le fuil a chroí,
ba dhraíocht a ghlór
á n-aithris,
nádúr is simplíocht
ag cruthú saothair
nach féidir choíchin
a dhul thairis

Tháinig agallamh is drámaí
óna pheann,
tráthúil, snoite, snasta,
thug Johnny seoda
de shiúl a chos
ar bhóithre fada casta.

Ní raibh Johnny ag brath
ar léirmheastóir
ná ag brath
ar phoiblíocht bhréagach,
ba leor a ainm
is a cháil,
bhíodh na hallaí lán
go béal dhó.

Ach níorbh é Johnny
an ribín réidh
a dhéanfadh tóin dá bhéal
le plámás,
má bhí éirí in airde ort
ná cur i géill,
chuirfeadh spéic ó Johnny
in t'áit thú.

Ómós dhuit,
a ghabha na ndán,
mar go deimhin
is maith an oidhe,
na gártha molta
agus bualadh bos
do Johnny,
mac Chóil Mhaidhc.

An Suibhneach

Ní bheidh a leithéid
arís choíche againn
sa taobh seo,
a labhair linn
go simplí
is go fíor,
grá Dé,
grá spóirt
is grá tíre,
roinn sé
go fairsing
is go fial.
Naomh Pádraig
is Naomh Bríd,
tabhair luach saothair dhó,
an Piarsach
is na laochra mar threoir,
is a mhada
ag síorlúchair
ina thimpeall
san aoibhneas
nach siltear aon deoir.

An Máistir

Tá duilleoga na coille
rua,
an bás
ag bailiú an fhómhair,
is deora goirt
mar allas linn,
ag cur corp ár gcarad
i gcónra.

Cara a sheas
go daingean docht,
nuair a bhí crú
ag brath ar thairne.
Fear a spreag
an beo is an bocht,
a chuir peann
in áit na spáide.

Tá a dhílseacht greanta
i gcroí na n-óg,
mar threoir
in uair na práinne.
Ní bás ach beatha
atá mar uacht,
ag an Máistir Mór
Ó Ráighne.

An Siopadóir

Beidh dordán dánta
is ceol le clos
anocht i gcré na cille,
tráth a bhfáilteoidh mairbh
roimh fhear den scoth
mar chara
atá tar éis filleadh.

Ní sa gcillín fuar
ar Gaelaíodh é
a scoiltfear
caint is scéal;
beidh Dónal Óg
sa tsíoraíocht leis
mar fhilíocht
óna bhéal.

Thar sáile anoir
a tháinig sé,
in aghaidh an tsruth
ar phócaí folamh,
is ba lom an leic
a roghnaigh sé
chun rútaí
a chur i dtalamh.

Ach d'fhás sé Standún
as leaca lom,
a bhain cáil
ar fud chríoch Fódla,
cáil nár phlúch

a mheas ag Gaeil
atá fágtha inniu
ag silt deora.

Ómós dhuit, a Óglaigh fir,
a chuaigh i ngéibheann
ar son do thíre.
Ómós dhuit anseo chois muir
a chuir greim
i mbéal na ndaoine.

Dhuit fhéin is do do bhean
ba fial bhur dteach,
ómós dhaoibh le chéile,
mar is mó sin neach
a chaith oíche in bhur measc
ag ceol
is ag cultúr Gaelach.

Seasann na sluaite
sa gcill seo inniu
in ómós fir a bhí dáiríre.
Seasann ionadaí
in ómós dhuit
ó uachtarán na tíre.

Seasann Óglaigh
a chuaigh thrí ghéibheann leat
ag troid ar son
na saoirse.
Seasann cléir is tuath
is comharsana
ar chaith tú fhéin
is do bhean
do shaol leo.

Is bród ár mbrón
chois caoláire
i ndiaidh chara
na ndaoine bochta,
go gcúití Dia do shaothar
ina iothlainn fhéin anocht leat.

Thar sáile anoir a tháinig tú
in aghaidh an tsruth,
ar phócaí folamh
ach fáilteoidh stoc na cille romhat
mar fhear as Conamara.

An tAmhránaí

Tá súile goirt is tais
ó fuair tú
glaoch ar ais
go dtí an áit
a bhfuil an ghrian
ag scairteadh i gcónaí;
tá cairde
ag cromadh a gcinn,
mar cheannabháin
sa ngaoth,
mar is mór
an briseadh croí
tú a chur i gcónra.

Ach ba sonas
inár saol
gur mhair muid
le do linn.
Ba saibhreas leat
ón mbroinn
do chuid amhrán:
gach beart go ceart
is go cruinn
gach focal domhain
is binn,
gach bua go fial
á roinnt
leis an óige.

Níl lá dár bhreac ariamh
nár labhair tú
le do Dhia;
ghlac tú le do chrois
mar a bhí i ndán dhuit.
Tá na pianta saolta thart
is tú ag leagan dhíot
do bheart
in iothlainn shuaimhneach shíoraí
Rí na nGrásta.

Myles

Tá an bás
tar éis bláth
a mhealladh ón gcraobh,
tar éis Myles a ghlaoch
chun sóláis,
is Máirín ag muirniú
a cuimhní cinn
mar cheirín lena dólás.

Ní mugadh magadh
a bhí in bhur ngrá
ná taoille a thrá
tar éis tuile,
ach seal beag gearr
a bhí lomlán
leis na tréithe is fearr
sa duine.

Bíodh bláth ar chrann
do pháise, a Dhia,
is é ag fás
as broinn an dóchais.
Bíodh gáire linbh
mar thógáil croí,
a aonmhic Mhuire,
deonaigh.

Antoine

Bhí brí i do láimh
ar leaba do bháis
a bhog an deoir
faoin tsúil,
muid ag fágáil slán
ag saol faoi bhláth
is gan do shamhradh
ach ina thús.

Ach maireann stuaim
is cáil go buan,
mairfidh an glór
ba bhinne;
beidh nótaí ceoil
i bpota stóir
mar sheoda
ag clann do chlainne.

Uaigneach feasta
í géim na bó,
caointeach gráig an asail,
gach cloch is claí
ag meabhrú bróin
ó ghlaoigh an chuach
ar ais ort.

Briseadh croí
thú a leagan síos
i ngaineamh mín na cille,
ach bhí sólás séimh
ar aoibh do bhéil
is tú ag tarraingt
t'anáil deiridh.

Bid

Ní dheachaigh tada in aisce
leatsa, a Bhid
na linne,
ó d'fhág an bás
mar athair againn thú,
ag baint slí beatha
as cré dhubh
na talún,
ach mhúin tú dhúinn
gur uaisleacht
lámh a chroithfeadh
leis an láí,
gur saibhreas
glór binn béil
ag aithris scéil
ó ghlúin go glúin.
Crua a d'oibrigh do linn-sa
ach bródúil
gurbh é an deoir allais
an deoch ba mhilse
is sibh ag biorú
cocaí is cruacha
in aghaidh scéin
an ghorta mhóir.
Ó phunt go punt
a shaothraigh tú
luach do chónra,
meath na céille ag éileamh
fliuchadh béil
i nádúr tí ceann tuí
as aisling
an tsaoil eile.

Cumadh

Más annamh is iontach
is filíocht ann,
is é gníomh an pheaca
faillí;
nuair is doilíos croí
is filíocht ann,
is é an scríobh
an breithiúnas aithrí.

Ní ceird don dís
is filíocht ann,
ná beart le cloí
don tslua,
ach géibheann saoil
don aonarán
a saolaíodh lena bua.

Ní smaointe a scríobh
is filíocht ann,
gan fís na feasa
a bhleán;
bíonn fios as domhan
na hintinne
mar fhuil sa gcuisle
ag dán.

Amhail áirse cloch
is filíocht ann,
mar mhoirtéal
idir fhocla,
nuair a thógann saoi

as dúshlán í,
ní thig le haois
í a lochtú.

An Dé Deiridh

Ba é gnás seacht sinsir
a bhí mé a leanacht
nuair a las mé coinneal
ar oíche na marbh,
mé á samhlú i láthair
agus scáilí ag meabhrú
go mbíonn mairbh luaineach
le linn na Samhna.

Rith athair is máthair
go mall thrí m'intinn,
a gcorp le fada
sa reilig sínte;
arbh é sin a ndeireadh:
ag déanamh creafóig?
Nó an raibh an saol eile ann
de réir mar a shíl siad?

Chreath an bhuacais
ar an gcoinneal chéarach
nach raibh ina sólás
ach an dé ar éigin;
d'at meall uaignis
i mbéal mo chléibhe
nuair a d'éag an lasóg
mar a bheadh duine ag séalú.

In ucht an tsimléir
bhí an ghaoth ag casacht,
nuair a d'fhógair an clog
go raibh meán oíche caite;

bhagair ísle brí
go mb'fhearr siúl go cladach
ná ag tál na ndeor
ar leic an teallaigh.

Bhí fuinneamh sa ngaoth
ag ruaigeadh néalta
thrí spéir mhíshocair
a bhí breac le réalta;
gealach lán
ag caitheamh scáilí fada,
an saol ina thost
thar thafann mada.

Shiúil mé soir
le ciumhais na mara
ar ghaineamh mín
is ar dhuirling gharbh;
úire na gaoith'
ag cur brí i mo scámhóg
agus súil chun cinn
ag baint fad as m'abhóg.

Na mílte maidhm
faoi mhullaigh gheala
ag tabhairt ruathar faoi thír
is ag ionsaí an chladaigh;
ag pléascadh ina gcúr
ar chloch is ar charraig
is ag ramhrú an aeir
le blas an tsalainn.

Loch Lurgan
faoi chulaith ghaisce,
ag éirí in airde
is ag maíomh a taisce;
gaethe gealaí
go gléineach ag rince
ar chír na maidhm
is ar dhroim an uisce.

Plobadh na dtonn
mar a bheadh inneall níocháin,
ag sciúradh duaircis
is gruaim de m'intinn;
dualta dubha
á mbaint is á ndíbirt,
agus brí na hóige
ag filleadh arís chúm.

Bhíog mo chroí
ag dearcadh anonn uaim
ar Chondae an Chláir
is ar áilleacht Boirne:
creaga loma
is maolchnoic mhíne
mar a bheadh cíocha talún
ag snámh sa taoille.

Do Rí na Cruinne
thug mé buíochas,
as garbhchríocha
gur cuid den tsaol iad;
paintéir cloch
a d'fhág bocht mo shinsir
mar a bheadh neamh ar talamh
le athrú aoise.

Lig faoileán scread
ag dul in ard na spéire
mar a bheadh sé ag beannú
ina theanga fhéin dhom;
gan aithne ceal
de mhaoin an tsaoil air
ach a sciatháin leata
ag marcaíocht gaoithe.

Lean mé líne chaol
snáth mara
a bhí i mbéal na taoille
le linn di casadh,
soir thar chéibh
a raibh a héadan greanta
le moghlaeir mhillteach
de chlocha glasa.

Mhothaigh mé daol na gaoith'
nuair a bhéic sí,
is líon an t-aer
le gainimh séidte;
mogaill go tréan
ag líochán súile,
ní hé nádúr áilleacht
bheith séimh i gcónaí.

Bhrostaíos liom
de réir mo choise
gan deoraí a d'éisteodh
dá mbuailfinn bleid air;
mo scáile romham
ina staic sínte
do mo threorú isteach
i dtreo na gcrainnte.

Bhí mórchuid géaga
ag aimsiú an stolladh,
nó gur chiúnaigh an ghaoth
mar a ghabhfadh sí a chodladh;
ciúnas taibhsiúil
ag cur snaidhm i mo ghoile,
is mé ag siúl
go scáfar
thrí chiumhais na coille.

Thrí chosán caol,
an tslí níor léir dhom,
ach dris is draighean
ag líochán m'éadain;
chuaigh dealg sa mbeo
i gcroí mo bhoise,
de bharr dris chosáin
a chuir cor coise.

Bhraitheas nárbh é seo
bóthar mo leasa,
go raibh neach neamhshaolta
ag rá liom casadh;
ba céim ar gcúl
an gad ba gaire,
nó gur dhearc mé logán
i gcroí na coille.

Léasán glas
chomh mín le síoda
in ascaill abhann
a raibh a bruach mar thaobh leis;
gan puth as aer,
gan drúcht gan báisteach,
is an abhainn ag ceol
ag rith le fána.

Shamhlaíos gurbh é seo
Gairdín Pharthais,
go ligfinn scíth
is go ndéarfainn paidir;
luigh mé siar
ar thulán cíbe,
is mé ag sloigeadh na ngrást
sa tsíocháin saolta.

Ba gearr gur ghéill
an suan don sólás,
sámhnéal suairc
ag séanadh an dóláis;
mo chluasa chomh bodhar
le corp ar thórramh,
ach bhéarfainn an leabhar
gur chualas glórtha.

Chugam anuas
an cosán garbh
le bruach na habhann
tháinig slua na marbh;
a n-aghaidh thar uisce
go síoraí seasta
ag tnúth le ádh
nó bealach trasna.

Ba léir ón ngiúin
is ón snugaíl chráite
gurbh é an cladach thall
an bhráid ab fhearr leo;
mar a bheadh deireadh feide
ag baint brí as iogáin
shuigh siad síos
i lár an logáin.

Shuigh na mná
faoi dheis as éadan,
is na fir faoi chlé
mar a bhíodh sna séipéil;
iad tuirseach tostach,
bhí a mbrí ar iarraidh,
de bharr a síorshiúl
ar thóir síocháin síoraí.

Thuigeas crá
agus fáth a mbuartha,
de bharr scéalta sí
sna tithe cuarta;
deireadh oide béil
a bhí meabhrach cliste,
nach dtig le taibhsí
a dhul thar uisce.

Níor tharraingíos anáil
ach ar éigin,
mo chroí i mo bhéal
chun teitheadh dá bhféadfainn;
geasa súl
i gcruth mé a dhalladh,
mar a bheinn tar éis rútaí
a chur i dtalamh.

Bhí ógbhean rua
ar a mine géire,
ag ídiú racht
i dtreo na spéire:
"Is claidhre é Dia,"
faoi thrí a bhéic sí,
"atá ag ceilt a ghrá
ar laigí daonna.

"Bhí mise sciamhach,
óg agus aerach,
le cruinneas cíoch
is colainn phéacach;
má chruthaigh Dia mé
chun fir a mhealladh,
cén fáth an léan seo
ó chuaigh mé i dtalamh?"

Ba gléine a súil
nuair a chas sí timpeall,
a haghaidh is a folt
slachtmhar slíoctha;
ba í úll na haithne í
agus bláth na hóige,
nuair a lonraigh an ghealach
ar bhúcla a bróige.

As corr a súl
bhí mná á faire,
ar léir óna snua
gur bocht a mhair siad:
iad caol cosnocht
faoi sheálta dubha,
a mbinn mar fholach
ag clúdú a mullaigh.

As taghd a ghluais sí
i dtreo an chúinne,
áit a raibh sagart
ar a ghlúine,
leabhar urnaithe fós
go teann ina chrúba,
gan é in ann í a léamh
ó bhí a sholas múchta.

"Éirigh suas,
a dhís na cléire,
tá do ghlúine caite
is gan éinne ag éisteacht;
más bua ó Dhia
do chumhacht is do chomhairle,
ná fág sa riocht seo
go deo na ndeor muid."

Níor athraigh a dhreach
ná dúire a éadain,
a bheola seasc
ar nós fir bréige;
don Athair ar neamh
a bhí a ghuibhe tuartha,
agus racht na báirsí
ag dul thar a chluasa.

Dhearc mé mailís
ag maolú a meangadh,
agus faobhar feannadh
ag géarú a teanga,
dúrúch cantail
á cur le báine,
nuair a scread sí an athuair
gan cás gan náire:

"Cá bhfuil na soilse
a gheall do threoir dhúinn?
Cá bhfuil áilleacht
Dhia na glóire?
Tabhair flaithis don ghadaí
de réir mar a gheall tú,
a bhundúin mheata
de threoraí fealltach!"

Mhúscail fear
a raibh báinín bán air,
veist glas caorach
is bróga tairní;
Chroch sé méir
d'fhonn ciúnas a ordú,
ghlan sé a phíobán
sul má labhair sé:

"Is ionann gadaíocht
don té atá santach,
agus fiacla bréige
don té atá mantach;
ní fheiceann flaithis
ach an té a rinne aithrí –
sin é briathar Dé,
ní feall ná faillí.

"Tá mise anseo
le blianta fada,
idir Abhainn an Spidéil
is Sruthán an tSagairt;
d'fhág mé fiacha
i dteach an leanna,
is níl deoraí beo
atá sásta a nglanadh."

Le saighead dá teanga
thug sí fogha faoi:
"Cé a chonaic Dia,
nó cé leis ar labhair sé?
Ná géill do chléir
atá ag síorchur cluain ort:
déanann samhlaíocht éitheach
nuair a bhréagnaíonn cluais í.

"Gheall tú ceol
agus glóir na n-aingeal,
mar phota stóir
ag deireadh an aistir;
ba cur i gcéill
a bhí i do ghealladh,
is gan ann faoi dheireadh
ach poll sa talamh."

"Dún do bhéal,"
arsa glór go bagrach.
"Ara, fuist thú fhéin,"
ar sise á freagairt,
"Ní chreidim feasta
aon ní nach léir dhom,
rúndiamhair Cásca,
ná Aoine an Chéasta."

Tháinig bean i láthair
go teann is go bródúil,
a raibh lásaí veilbhit
ag maisiú a cóta;
ba srian thar smacht
gach briathar dár labhair sí,
a glór deas réidh
is a canúint uasal:

"Stop ag sciolladh
is ag síneadh méire;
tá peacaí scríofa
ar do bhaithis nach léir dhuit,
t'éadán smeartha
le dúch atá dearg
uabhar, saint,
drúis is fearg.

"Nuair a d'fhág tú
maoin an tsaoil i do dhiaidh,
d'fhág tú tús na breithe
ag Dia:
níl samhail ag peacach
a chaitheann clocha
ach bácús ag glaoch
tóin dubh ar phota.

"Breithiúnas Dé
ní léir is ní heol dhúinn –
tá an sagart freisin
ag tnúth le foiriúint;
má tá sciolladh dlite
déan go cóir é,
ba mise do mháthair
a mheall dá threoir é."

D'éirigh an sagart
is shiúil sé ina aonar,
é ag dul chomh gar dhom
is go leagfainn méir air;
d'aithin mé
gur ciapadh céasta é a fhaoistin,
nuair a chuir sé cogar
i gcluais na gaoithe:

"A Dhia, más fíor
go bhfuil tú ag éisteacht,
más fíor gach cor
den saol gur léir dhuit,
ná bí balbh,
is do chrois do mo chéasadh,
gan treoir gan taca,
ar bhóthar gan léargas.

"Cé is mó de scannal
mar aoire Dé mé:
ná caoirigh a scanrú
is do theach a thréigint,
ná seasamh ar altóir,
ag cur smacht ar chréatúir,
ag múineadh ceacht dhóibh,
nár ghéill mé fhéin di?

"Níor leor mar fhreagra
saorthoil is féinsmacht
nuair nach roinntear cothrom
tallann is tréithe;
an té atá ar lagthoil,
is é a nádúr géilleadh;
an bua nach mbronntar,
níl maith á éileamh.

"Dúnaim súile anois
le déistean,
an bhfuil tú i bhfeirg,
nó i dtrua le m'éagmais?
Do phárdún impím,
a Rí Rúndiamhair,
fóir ar anam,
atá ag tnúth le suaimhneas."

Taobh thall d'abhainn
chuir glór óg béic as,
"Hóra, a deirim
bhfuil éinne ag éisteacht?
Cá bhfuil an dream
a thugann breithiúnas?
An bhfuil mé i liombó
nó an é deireadh an domhain é?"

Bhí an bhean rua
de léim ina seasamh,
tnúth ina súil
ag féachaint trasna:
"Cé thú fhéin?
nó cé dar díobh thú?
Gabh anall de léim
is grá mo chroí thú."

Mhothaíos creathadh ina ghlór
á freagairt,
mar a bheadh ingne an bháis
tar éis é a threascairt:
"Anois go díreach
a maraíodh mise,
i dtimpiste bóthair
is mé ar meisce."

"Gabh i leith go beo,
is tú atá ag teastáil:
níl abhus sa taobh seo
ach rabharta seanchoirp;
tá mé bliain is fiche
ag tnúth le gaiscíoch,
is fada an seal é
le bheith gan marcaíocht."

"Cuir srian le t'éileamh,
a ghlóir nach léir dhom,
ní leigheasfaidh gnéas
ná drúis an scéal seo;
céard atá romham:
tús nó deireadh?
An ar aghaidh nó ar gcúl
atá an chéad chéim eile?"

"Ara, éirigh as geonaíl
mar is beag an leas é;
déanann bás a chúram
gan trua gan taise;
tá do sheal ar lár
bhí do lá-sa caite,
ar nós míol críonna
a mbeadh bróg tar éis seasamh air.

"Doirt anall
is déan dreas beag cainte,
sul má diúlann créafóig
an t-úir as t'aigne;
bím ag caochadh súil
ar an bhfear sa ngealach,
nuair a mhúsclaíonn dúil
an géim i gcailleach."

Bhí an ghráin thar fóir
ina ghlór nuair a spréach sé,
mar a bheadh seabhrán ag dó
ina chluais le déistean:
"Níl i do shamhail ach bó
faoi dháir is í ag géimneach;
b'fhearr liomsa fir
mar tá mé aerach."

Chuir fearg mná
ina thost le uaill é,
lán béil te bruite
de bhriathra fuara;
chrom na fir
a gceann go huasal,
agus mná na seálta
chlúdaigh a gcluasa.

"Mo chuid tubaiste ort,
a ghéiseach muice,
a reidill bhradach
de chábán circe;
ní údar gaisce é
de réir an nádúir,
bheith leath i do lacha
agus leath i do bhardal."

"Cuir scraith i do bhéal
agus éist, a chláirseach,
ní bhíonn breithiúnas cothrom
i mbéal na báirsí;
is é Dia a chruthaigh
gay agus *lesbian*,
ach choinnigh an dlí
is an chléir faoi chois muid.

"Anois tá an rotha
tar éis casadh timpeall,
agus athrú saoil
ag tabhairt cead ár gcinn dhúinn,
tuataí i réim
ag éisteacht faoistin,
is cuid den chléir
faoi ghlas i bpríosúin.

"Bhí mise ag snámh
i sruth na saoirse;
má bhí mé cam,
ba smál ón mbroinn é;
chuir mé suas le drochmheas
i gcaitheamh na mblianta,
ach níl lá dá fhad
nach dtagann críoch leis."

"Ná trust leac oighir
atá briosc is tanaí;
ní cúplaí fireann
a ghineann leanaí;
tá do dhúil sna fir
tar éis thú a choilleadh;
ní shaolóidh aeraigh
an chéad ghlúin eile.

"De réir Teagasc Críostaí
is gníomh toirmeasctha,
go síolródh pápa
bráthair ná easpag;
bíonn na mílte ag fuirseadh
i gcuasnóg beacha,
ach is don bhanríon cúram
sliocht a sleachta."

Thit réalt go tobann
ina stríoca fada,
mar a bheadh Dia tar éis tintreach
a chaitheamh as neamh leo;
shuigh na coirp
i mbun a gcoise,
agus stop an tsáraíocht
ar an bpointe boise.

Dhúisigh an ghaoth
le osna is méanfach;
chlúdaigh an ghealach
a haghaidh le néalta;
ghéill na crainn
do chumhacht an tsinneáin,
mar a bheadh an spéir ina beatha
ag tarraingt anáil.

Ba sioscadh ciúin
a bhí i ngiúin na nduilliúr,
nuair a labhair an nádúr
go teann is go soiléir;
ba máistir ollmhór
é cumhacht na cruinne,
is gan dubh na fríde
de bhrí sa duine:

"Chaith sibh nádúr Dé
de leataobh
ar son nádúr bréige
a ghéill don fhaisiún:
b'ionann gnéas is grá;
b'ionann meisce is fearúil;
mura raibh rud agat fhéin
ba é a ghoid bhur bhfreagra.

"Fuair sibh treoir ó shinsir
a d'imigh romhainn,
nach bhfágfadh saint
aon bhreac sa gcuan;
fágadh aoirí amplach
gan fraoch ná sléibhte,
is tá bréantas deataigh
ag cur poill sna néalta.

"Tugadh meabhair don duine
a chruthaigh Dia,
an domhan a fhágáil
níos fearr ina dhiaidh;
tapaigh an deis
le fabht a leasú,
luath nó mall
bíonn lot le cneasú.

"Stoirm is fuarlaigh
is tonnta báite,
atá á mbagairt
ag fearg nádúir;
ná truailligh ithir
a chruthaigh Dia;
is fearr súil romhat
ná dhá shúil i do dhiaidh."

Scaip na néalta
agus scairt an ghealach,
mar threoir do mhairbh
a dhul ina mbealach,
a gcuid scáilí ag dealú
i dtreo na cille,
nó gur fágadh an phlásóg
chomh ciúin le reilig.

Phreab mo chroí
tar éis dhom dúiseacht,
faoi ualach uaignis
liom fhéin sa gciúnas;
gan a fhios agam fós
an fís nó taibhreamh
go mbíonn mairbh luaineach
le linn na Samhna.